Fabian Lenk

Verschwörung um Tutanchamun

Ein Krimi aus dem alten Ägypten

Mit Bildern von Daniel Sohr

Ravensburger Buchverlag

Bibliografische Information der Deutschen Nationalbibliothek:

Die Deutsche Nationalbibliothek verzeichnet diese Publikation
in der Deutschen Nationalbibliografie.
Detaillierte bibliografische Daten sind im Internet
über **http://dnb.d-nb.de** abrufbar.

1 2 3   13 12 11

Ravensburger Leserabe
© 2011 Ravensburger Buchverlag Otto Maier GmbH
Umschlagbild: Daniel Sohr
Umschlagkonzeption: Sabine Reddig
Redaktion: Jo Anne Brügmann
Printed in Germany
ISBN 978-3-473-36259-2

www.ravensburger.de
www.leserabe.de

Inhalt

Das Gerücht

„Frische Fische, kauft frische Fische!",
ruft Tuja. Die Zehnjährige steht mit ihrer
Mutter auf dem großen Marktplatz von
Theben.
Hier ist, an diesem Morgen des Jahres
1328 vor Christus, schon jede Menge los.
Die Sonne ist gerade erst aufgegangen.
In wenigen Stunden wird es wieder sehr
heiß in der Stadt sein. Deshalb ist jetzt die
beste Zeit, um frische Waren zu verkaufen
oder zu erwerben.

Tuja bietet den Fisch an, den ihr Vater gefangen hat. Vor allem den köstlichen Nilbarsch, den alle Bewohner Thebens lieben.

Aber auch viele andere Händler und Handwerker versuchen, ihre Waren zu verkaufen: hübsche Schnitzereien aus Elfenbein, zierliche Spiegel, gackernde Hühner, wohlriechende Gewürze, feine Öle, Schmuck aus Glas, Silber oder Gold sowie Salben gegen Gelenkschmerzen.

Einige Bauern haben an ihren Ständen saftige Datteln, Weintrauben, Granatäpfel und Feigen ausgebreitet. Andere bieten Gurken, Kürbisse, Lauch, Zwiebeln, Knoblauch, Linsen und Erbsen an.

Ein Wasserverkäufer läuft zwischen den Kunden umher, ein anderer fliegender Händler preist seine verführerisch duftenden Honigkuchen an.

„Frischer Nilbarsch!", ruft Tuja noch einmal laut.

Schon tritt eine Kundin an ihren Stand. Die Frau beginnt zu handeln und sofort mischt sich Tujas Mutter ein.

Das Mädchen hält sich lieber zurück. So etwas kann seine Mutter einfach besser.

Tuja lässt den Blick über den vollen Marktplatz schweifen. Viele Menschen aus nah und fern sind in den vergangenen Tagen nach Theben geströmt. Die Stadt scheint aus allen Nähten zu platzen. In den Gasthäusern ist kein einziges Bett mehr frei, hat Tuja gehört.

Kein Wunder, denkt sie. Alle wollen das große Opet-Fest miterleben, das morgen zum ersten Mal seit vielen Jahren wieder gefeiert wird. Es ist das wichtigste Fest in Theben. Auch Tuja ist unheimlich aufgeregt. Die Statuen von Ägyptens höchstem Gott Amun, seiner Frau Mut und ihrem Sohn Chons werden aus den Tempeln geholt. Diese befinden sich etwa zweieinhalb Kilometer entfernt im Tempelbezirk von Karnak.

Tuja hat von ihrer Mutter erfahren, dass die Statuen auf festlich geschmückten

Schiffen nilaufwärts nach Theben
gebracht werden. Es wird ein riesiges
Volksfest geben mit Musik, Tanz und
feinen Speisen.

Das Fest war viele Jahre lang verboten.
Dafür hatte Tutanchamuns Vater, der
Pharao Echnaton, gesorgt. Echnaton
hatte statt Amun den Sonnengott Aton
zum Hauptgott ernannt und alle Amun-
Feste untersagt. Doch Tutanchamun hat
sich nach seinem Amtsantritt Amun
zugewandt und die alte Götterordnung
wiederhergestellt. Das hat Tujas Vater ihr
berichtet.

Er hat ihr auch erzählt, dass der göttliche
Pharao Tutanchamun mit seiner schönen
Frau Anchesenamun auf einem eigenen
Prunkschiff bei dem Festumzug dabei
sein wird!

Tuja kann es gar nicht erwarten, den

König und seine Frau zu sehen. Sie hat
sich fest vorgenommen, gleich heute
Abend einen guten Platz am Nil auszu-
suchen. Denn bestimmt werden viele
Tausend Thebaner auf dieselbe Idee
kommen.

„He, träumst du?"

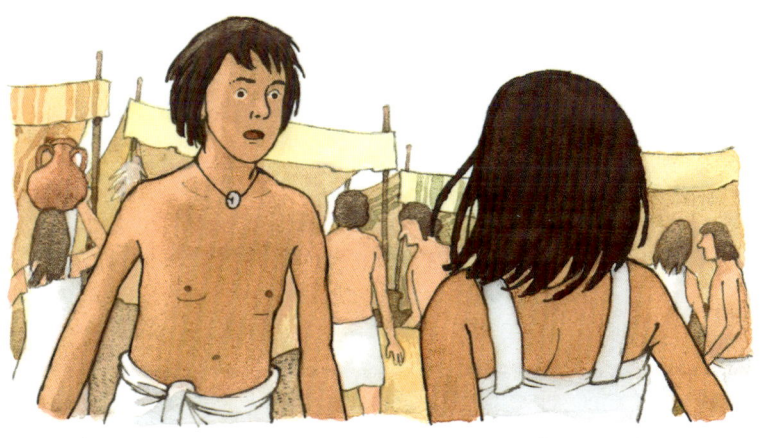

Tuja fährt aus ihren Gedanken hoch. Vor
ihr steht ihr Bruder Sary. Er ist schon
achtzehn Jahre alt und Diener im Palast
von Tutanchamun. Sary hilft dort in der
Küche.

„Ich brauche Nilbarsch!", ruft er. „Und den besten gibt es nun mal bei meiner eigenen Familie! Der göttliche Pharao empfängt heute hohe Gäste und lädt sie zu einem Festessen ein."

Tuja beginnt augenblicklich, nach einem besonders schönen Barsch für den Pharao zu suchen. Ihre Mutter feilscht unterdessen noch immer mit der anderen Frau.

„Ah, der ist besonders groß!", ruft Tuja schließlich und reicht ihrem Bruder einen schweren Fisch. Dabei fällt ihr auf, dass Sary sehr bedrückt wirkt.

„Stimmt etwas nicht?", fragt sie.

Ihr Bruder tritt nervös von einem Bein aufs andere.

„Komm schon, ich sehe dir doch an, dass dich irgendetwas quält!", setzt Tuja nach.

Da tritt Sary ganz dicht an Tuja heran.

Er senkt die Stimme. „Ich habe gesehen,

dass Oberkommandant Haremhab im
Palast viele Soldaten zusammengezogen
hat …"

Tuja zieht die Stirn kraus. „Na und?"

„Die Soldaten haben einen Geheimauf-
trag", flüstert Sary. „Sie sollen morgen
beim Opet-Fest das Volk im Auge
behalten …"

„Warum denn das?"

„Es gibt ein böses Gerücht", wispert ihr

Bruder. „Das habe ich im Palast aufge-
schnappt. Anscheinend hat man Angst
um den Pharao. Tutanchamun hat sich
offenbar Feinde gemacht. Es soll eine
Verschwörung gegen ihn geben. Und
vielleicht wollen die Täter beim Opet-Fest
zuschlagen. Da zeigt sich der Pharao ja
dem Volk. Die Soldaten sollen darauf
achten, dass die Zuschauer unbewaffnet
sind …"

Ein Anschlag auf den Pharao? Tuja kann
es kaum glauben.

„Ich muss jetzt zurück in den Palast", sagt
ihr Bruder, bezahlt und winkt Tuja und
seiner Mutter kurz zu. Dann ist er auch
schon in der Menge verschwunden.

Tuja bleibt nachdenklich zurück. Sie hat
Angst. Schwebt der junge Pharao wirklich
in Gefahr? Aber warum? Und wer sind die
Verschwörer?

Das Versteck im Nil

Es ist Abend geworden, die Hitze hat
nachgelassen. Tujas kleine Familie hat
sich auf dem Flachdach ihres Fischer-
hauses versammelt. Das Haus liegt direkt
am Nil. Es wurde aus Ziegeln errichtet,
die aus luftgetrocknetem Nilschlamm
bestehen. Die Wände sind innen und
außen mit weißem Kalk verputzt, der
Boden ist aus Lehm. Das Haus hat drei
Räume und ganz kleine Fenster, damit es
innen schön kühl bleibt. Die Küche liegt

außerhalb im Freien. Von dort führt eine
Treppe auf das Dach, das auf stabilen
Holzbalken ruht.
Hier oben weht ein erfrischender Wind.
Tuja und ihre Familie essen immer auf
dem Dach zu Abend, wie viele andere
Familien auch. Es gibt ofenwarmes
Weizenbrot, Fisch, Ziegenkäse, Milch für
Tuja und Sary sowie etwas Bier für die
Eltern und als Nachtisch köstliche Feigen.
Kleine Öllämpchen spenden Licht.

Doch Tuja kann das leckere Essen gar nicht so recht genießen. Die Sache mit dem möglichen Anschlag auf Tutanchamun lässt ihr keine Ruhe. Er ist gerade einmal siebzehn Jahre alt. Kann sich ein so junger Herrscher schon Feinde gemacht haben?, überlegt das Mädchen.

Nun, denkt Tuja, immerhin ist er schon seit fast zehn Jahren auf dem Thron. Tuja schüttelt den Kopf. Tutanchamun war jünger als sie jetzt ist, als er das Amt nach dem Tod seines Vaters übernahm. Was für eine Verantwortung! Bestimmt hatte Tutanchamun immer kluge Berater um sich. Aber trotzdem – einfach war es sicher nicht, Pharao zu sein!

Doch spätestens seit der Hochzeit mit der schönen Anchesenamun sei aus dem kindlichen König ein wahrer, starker Herrscher geworden, hat Tuja gehört.

Das Volk liebt ihn, es vergöttert ihn regelrecht. Wer hat also ein Interesse daran, Tutanchamun umzubringen?

Seit ihr Bruder von der Arbeit im Palast heimgekehrt ist, hat Tuja ihn immer wieder mit Fragen gelöchert. Doch Sary ist ziemlich einsilbig gewesen. Vielleicht weiß er aber auch einfach nicht mehr als das, was er schon morgens auf dem Markt in Theben berichtet hatte.

Tuja kaut versonnen auf einer herrlich süßen Feige. Sie beschließt, die bösen Gedanken zu verdrängen. Womöglich ist ja alles doch nur ein dummes Gerücht.

„Ich gehe noch ein wenig zum Spielen an den Nil", sagt sie zu ihrer Familie.

Vater und Mutter lächeln sie an und nicken nur.

Fein, denkt sich das Mädchen, jetzt suche ich mir einen schönen Platz, von dem aus

ich morgen mit meiner Familie der feier-
lichen Prozession zuschauen kann!
Im weißen Licht, das der Mondgott Chons
über das Land schickt, flitzt Tuja zum
nahen Nil. Dort ist das Fischerboot ihres
Vaters vertäut. Es hat eine längliche,
ziemlich schmale Form und wurde ganz
aus Papyrusstauden gebaut. Daher ist
das Boot recht leicht und sehr wendig.
Vorn und hinten sind die Stauden steil
nach oben gezogen, wie zwei Hälse, die
in die Luft gereckt sind.

Das Boot bietet vier Personen Platz. Aber meistens ist der Fischer allein damit unterwegs, um seine Netze auszulegen und den Fang nach Hause zu transportieren. Tuja sieht ihrem Vater oft dabei zu, wie er das Boot auf dem Nil paddelt und stakt. Dann steht der Fischer breitbeinig auf den breiten Außenwülsten des Bootes und schiebt es zunächst mit dem langen Paddel vom Ufer weg. Denn dort wächst jede Menge Schilf. Ist der Fischer erst einmal auf dem freien Wasser, kann er auch richtig paddeln.

Tuja heftet die Augen auf den Ufergürtel. Wo könnte ein guter Platz sein, um den Festzug zu beobachten? Ganz in der Nähe ist eine sandige Bucht. Dort gibt es kein Schilf, das die Sicht auf die Prunkboote mit Tutanchamun und den Götter-Statuen versperren könnte.

Plötzlich hört Tuja ein Platschen. Sie
schaut zum Nil. Nichts zu sehen.
Doch halt, war da nicht eine Bewegung im
Schilf?
Das Mädchen bleibt stehen und starrt auf
die Stelle, an der es gerade etwas zu
sehen geglaubt hat.
Wieder ein Plätschern. Und tatsächlich,
da scheint jemand zu sein. Ein Mann watet
durch das seichte Wasser, halb verborgen
vom hohen Schilf!

Tuja versteckt sich hinter einer Palme und späht wieder zum Nil. Ihr Herz beginnt immer schneller zu schlagen. Wer schleicht da nachts herum?
Plötzlich tauchen noch zwei weitere Gestalten auf. Sie waten auf den anderen Mann zu.
Tujas Augen beginnen zu brennen, so fest starrt sie hinüber.
Zwei der Männer scheinen etwas Schweres zu tragen. Sie gehen leicht gebückt und

haben irgendetwas zwischen sich. Aber was das ist, kann Tuja nicht erkennen. Dafür ist es einfach zu dunkel. Es ertönt noch ein Platschen. Die Männer richten sich auf.

Tuja kombiniert: Haben die Kerle da etwas versenkt – die Last, die sie gerade noch getragen haben? Der Sache muss sie auf den Grund gehen, das ist für sie sonnenklar.

In dieser Sekunde legt sich von hinten eine große Hand auf ihren Mund. Tuja wird vor Angst eiskalt. Das Mädchen zappelt und strampelt, aber der Griff wird nicht gelockert.

Starke Arme heben sie hoch und wollen sie wegzerren.

Verzweifelt beißt Tuja zu. Ein Schrei
ertönt und für einen kurzen Moment
lockert sich der Griff. Tuja windet sich
blitzschnell aus den Armen des Mannes.
Der Kerl schlägt nach ihr, verfehlt sie aber.
Das Mädchen weicht auch dem nächsten
Hieb geschickt aus und flitzt los. Der
Mann ist dicht hinter ihr, Tuja kann ihn
schnaufen hören. Aber sie ist zu flink für
ihn und kann ihm entkommen!

Keuchend bleibt sie stehen. Sie wirft
einen bangen Blick zurück. Der Pfad liegt
menschenleer vor ihr.

Das Mädchen atmet ein paarmal tief
durch. Dann schleicht es vorsichtig zu der
Stelle zurück, an der die Männer waren.
Dort ist niemand mehr zu sehen. Silbern
glitzert das Nilwasser zwischen den
Schilfpflanzen.

Am schlammigen Ufer entdeckt Tuja einen
Stock. Sie hebt ihn auf und watet damit
ins Wasser. Es macht nichts, dass ihr
weißes Leinenkleid nass wird. Es wird
sehr schnell wieder trocknen. Immer
wieder stößt sie den Stock ins Wasser –
bis er auf etwas Hartes trifft.

Ist das etwa das Ding, das die Männer
vorhin versenkt haben?, überlegt das
Mädchen.

Tuja greift ins Wasser. Ihre Hände ertasten

etwas, was sich wie Holz anfühlt. Und da
scheint ein Deckel zu sein. Tuja will ihn
anheben, aber er ist zu schwer. Sie ruht
sich aus, sammelt neue Kräfte.
Da hört sie ein verdächtiges Geräusch
aus dem Schilf. Ist das etwa ein …
Ein länglicher Körper gleitet zwischen den
hohen Stängeln auf sie zu, schnell und
zielstrebig – ein Nilkrokodil! Tuja bekommt
einen riesigen Schreck. Weg hier!

Noch nie ist Tuja so schnell aus dem
Wasser gerannt. Keuchend erreicht sie
das rettende Ufer. Das Krokodil reißt das
große Maul auf und schnappt nach ihr,
aber das Mädchen ist weit genug von den
messerscharfen Zähnen entfernt. Langsam
zieht sich das große Reptil zurück und
gleitet geräuschlos in den Nil.
Erschöpft kauert sich Tuja hin.

Hinter ihrer Stirn wirbeln die Gedanken –
die unheimlichen Männer, die rätselhafte
Truhe, das hungrige Krokodil … Für heute
reicht es ihr! Sie steht auf und läuft zum
Haus ihrer Familie zurück.
Auf dem Dach ist nur noch ihr Vater. Er
schaut hoch zu den Sternen.
„Warum ist dein Kleid nass?", fragt er mit
gerunzelter Stirn, als Tuja vor ihm
steht. „Warst du etwa im Nil?"
„Äh ja, so in etwa …"
Ihr Vater wird böse. „Du weißt
doch, dass das viel zu
gefährlich ist!", schimpft er.
„Ich habe etwas gesehen",
erwidert Tuja kleinlaut.
„Männer mit einer Kiste …"
„Mit einer Kiste?"
„Ja, sie haben sie im Wasser
versteckt."

„Vielleicht haben sie das Ding einfach nur weggeworfen."

Das Mädchen schüttelt heftig den Kopf.

„Nein, sie wollten nicht, dass man sie beobachtet. Einer von ihnen hat mich gepackt und mir den Mund zugehalten."

Der Vater sieht sie bestürzt an. „Wo ist der Mistkerl?"

„Ich … ich weiß es nicht, ich bin weggerannt. Als ich zurückkehrte, waren die Männer weg."

Der Vater entspannt sich. „Gut, dass dir nichts passiert ist. Wahrscheinlich waren das Räuber, die ihre Beute versteckt haben. Aber erwarte jetzt bloß nicht von mir, dass ich dort nachschaue. Das wäre viel zu gefährlich."

„Nein, natürlich nicht", sagt Tuja.

„Vergiss die Sache", rät ihr Vater. „Wenn ich morgen Zeit dazu habe, will ich überprüfen, ob dort wirklich eine Kiste oder so etwas liegt."

„Danke", murmelt Tuja. Dann geht sie nach unten, um zu schlafen. Doch sie findet lange keine Ruhe.

Vier Götter auf Reisen

Re, der strahlende Gott der Sonne, über-
zieht sein Land an diesem denkwürdigen
Morgen mit einem roten Schimmer.
Theben ist erwacht. Alle Bewohner sind
auf den Beinen und fiebern dem großen
Fest entgegen. Heute ist der große Marktplatz verwaist. Niemand denkt daran,
Geschäfte zu machen. Jeder versucht
lieber, einen guten Platz zu ergattern, um
den Festzug der Götter zu beobachten.
Im Fischerhaus am Nil wird gerade eilig

gefrühstückt. Das Frühstück ist einfach.
Es besteht aus Brot, Käse, Milch und Obst.
„Kommt, sonst sind die besten Plätze am
Nil weg!", drängt Tuja.
„Ganz ruhig", mahnt ihr Vater. „Wir werden
die besten Plätze bekommen, die du dir
vorstellen kannst."
Tuja tippt ungeduldig mit dem rechten
Fuß auf den Boden. „Nicht, wenn wir noch
lange herumtrödeln!"
Da lacht ihr Vater. „Ich habe eine bessere
Idee als das Nilufer", flüstert er ihr geheim-
nisvoll zu.
„Welche Idee?", forscht das Mädchen
nach.
„Das wirst du gleich sehen!"
Wenig später stehen Tuja und ihre Eltern
endlich vor dem Haus. Auch Sary ist
bei ihnen – er hat bis zum Mittag frei-
bekommen.

Auf dem Weg vor dem Haus gibt es bereits ein dichtes Gedränge, wie Tuja befürchtet hat. Es müssen Abertausende von Menschen sein, die die Ufer des großen Flusses bevölkern.

Es herrscht Volksfeststimmung. Die Leute murmeln, tuscheln und lachen. Fliegende Händler bieten ihre Leckereien, Wasser, Bier oder Wein feil. Andere versuchen Ankh-Kreuze zu verkaufen, die man sich an einem dünnen Lederbändchen um den Hals hängen kann und die ewiges Leben versprechen. Ein älterer Mann lässt einen Affen Kunststücke vorführen und hofft auf Gaben der Zuschauer.

Doch die meisten haben nur Augen für den Nil, obwohl dort noch gar nichts zu sehen ist.

Tuja ist nervös. Zwar kann das Mädchen nirgends verdächtige Gestalten entdecken. Aber es gibt nun mal dieses böse Gerücht von der Verschwörung, von dem Sary erzählt hat. Und es gibt die Truhe oder Kiste, die hier ganz in der Nähe versenkt wurde. Haben die beiden Sachen etwas miteinander zu tun?, grübelt Tuja. Oder sieht sie schon Gespenster?

„Tuja, kommst du?", hört sie ihren Vater rufen.

„Natürlich!", beeilt sie sich zu erwidern. Hoffentlich ist es wirklich nicht mehr als ein blödes Gerücht, denkt sie, während sie sich mit den anderen durch die Menge schiebt.

Da sieht sie mehrere breitschultrige

Soldaten, die nur mit Lendenschurzen bekleidet sind. Einige sind mit Keulen oder Streitäxten, andere mit Pfeil und Bogen bewaffnet. Misstrauisch und höchst wachsam lassen sie ihre Blicke über die Menge wandern.

Tuja geht rasch an ihnen vorbei.
Nur wenige Meter weiter ist wieder ein
Trupp Soldaten zu sehen.

„Habe ich es nicht gesagt?", wispert Sary ihr zu. „Oberkommandant Haremhab hat viele Soldaten zusammengetrommelt, die verhindern sollen, dass es einen Anschlag auf den Pharao gibt!"

Also doch …, denkt das Mädchen voller Angst. Mögen die Götter Tutanchamun beschützen!

Tujas Vater bahnt sich energisch den Weg durch die Leute. Dann haben sie die Stelle erreicht, an der das Fischerboot liegt.

Jetzt lüftet der Vater sein Geheimnis: „Wir nehmen das Boot und fahren ein Stück auf den Nil hinaus", schlägt er vor. „Von dort haben wir eine viel bessere Sicht auf die Schiffe als vom Ufer aus."

„Großartig!", ruft Tuja begeistert.

Schon springt die Familie ins Boot. Der Vater stakt es ein Stück aus dem Schilf heraus. Dann sind sie auf dem freien

Wasser. Tuja wirft einen bangen Blick
zu der Stelle, an der die unheimlichen
Gestalten gestern die Truhe versenkt
haben.
Es ist nichts zu sehen, nur das dichte,
wogende Schilf.
Ein Glück!, denkt das Mädchen und
schaut zu seinem Vater.
Der Fischer hält das Boot geschickt in der
Mitte des gemächlich dahinfließenden
Stroms.
Tuja beschattet die Augen und späht
nilabwärts. Wo sind die Schiffe mit den
Göttern?

Plötzlich ist Musik zu hören.

„Sie kommen, sie kommen!", ruft Tuja.

Sie ist ganz aufgeregt.

Und tatsächlich: Jetzt sind mehrere große
Schiffe zu sehen, die majestätisch auf sie
zugleiten, angetrieben von kräftigen
Ruderschlägen.

An den Ufern brandet ohrenbetäubender
Jubel auf.

Tujas Vater lenkt sein Boot ein wenig zum
Ufer, um Platz zu machen.

Dann sind die ersten drei Schiffe da! Sie
fahren nebeneinanderher. Auf dem Deck
des mittleren Schiffes ist ein Podest
aufgebaut worden. Dort spielen Musiker
auf ihren Lauten, Trommeln und Rasseln.
Auf den anderen beiden Schiffen wiegen
sich jeweils über einhundert gerten-
schlanke Tänzerinnen im Takt.
Das Volk tobt vor Begeisterung.
Schon kommt das nächste Boot. Dort
zeigen Akrobaten atemberaubende
Kunststücke, begleitet von wilden
Trommelwirbeln.

Plötzlich verstummt jede Musik, jeder Trommelschlag. Auch das Volk schweigt. Es scheint, als halte es den Atem an. Es herrscht eine feierliche Stille. Ein weiteres Schiff gleitet auf Tuja und ihre Familie zu. Tujas Augen weiten sich: Dieses Schiff ist deutlich größer als die anderen. Es ist bestimmt dreißig Meter lang und hat einen elegant geschwungenen Bug, der an einen riesigen Entenschnabel erinnert.

In der Mitte wächst ein mächtiger Mast in die Höhe. Davor steht auf einem Podest eine etwa drei Meter hohe Figur, ganz aus Gold.

„Der Gott Amun",

wispert Tujas Mutter voller Ehrfurcht.
Der höchste Gott erscheint in Menschen-
gestalt. Auf seinem Kopf ruht eine
längliche goldene Krone. In seiner
rechten Hand trägt er einen
langen Krummstab. Dann
folgen die Schiffe mit
Mut und Chons.

Muts Körper besteht ebenfalls aus purem Gold. Die Himmelsgöttin ist mit einem festlichen roten Gewand bekleidet. Außerdem trägt sie eine gefiederte Haube mit einem Geierschnabel.

Die Figur von Chons ist in ein blütenweißes Tuch gewickelt. Er hat eine Haube mit einer Mondsichel auf dem Kopf.

Das Volk staunt ergriffen. Nach wie vor ist es ganz still.

Aber dann bricht wieder Jubel aus – denn nun kommt das Schiff mit Tutanchamun und seiner Frau Anchesenamun!

Tuja und ihre Familie haben jetzt wirklich die besten Plätze. Das Schiff gleitet ganz dicht an ihnen vorbei!

Der junge Pharao sitzt auf einem goldenen Thron unter einem Baldachin. Er trägt eine kegelförmige Doppelkrone in den Farben Rot und Weiß, deren Stirnseite

eine goldene, aufgerichtete Kobra ziert.
Auf Tutanchamuns nackter Brust blitzt
eine quadratische dünne Platte aus
purem Gold. Darauf ist ein großer Vogel
zu sehen, der seine aus Saphiren
geformten Flügel ausgebreitet hat. Der
Pharao hält als Zeichen seiner Macht
Krummstab und Wedel in den Händen.
An Tutanchamuns Seite sitzt Anchesenamun. Sie trägt ein sonnengelbes Leinenkleid mit einem aufgestellten Kragen,
der mit Edelsteinen besetzt ist. In ihren
Haaren funkeln Perlen.

Das Volk ist kaum mehr zu bremsen. Es lässt das Herrscherpaar hochleben und wünscht ihm ewiges Leben.

Ewiges Leben … sofort ist Tujas Angst wieder da. Das böse Gerücht! Sie schaut beunruhigt zu der Stelle im Schilf. Ihr stockt der Atem. Dort hat sich etwas bewegt! Fast ganz verborgen von den hohen Stängeln, machen sich dort Gestalten zu schaffen – genau an der Stelle, an der die Truhe sein muss!

Die Attentäter

Während die Massen am Ufer toben,
lässt Tuja die Gestalten nicht mehr aus
den Augen. Und jetzt sieht sie es
genau – einer der Kerle hat plötzlich Pfeil
und Bogen in den Händen! Vermutlich
war die Waffe in der Truhe im Wasser
verborgen.

Tuja alarmiert ihre Familie. Dann ruft sie
den Soldaten am Ufer etwas zu – aber die
hören sie wegen des ohrenbetäubenden
Jubels nicht.

Der Attentäter spannt den Bogen.

Da paddelt Tujas Vater auf die Verschwörer
im Schilf zu. Noch sind sie vielleicht zehn
Meter entfernt.

Der Attentäter zielt.

Tuja packt einen Stein, mit dem ihr Vater
die Netze beschwert, und schleudert
ihn auf den Bogenschützen. Der Stein
platscht genau vor dessen Nase ins
Wasser. Der Mann erschrickt derart, dass
er den Bogen zur Seite reißt. Der Pfeil
zischt in den Nil.

Das ist offenbar auch den Soldaten nicht
entgangen. Während Tuja zum nächsten
Stein greift, sieht sie, wie ein Trupp der
Soldaten in den Schilfgürtel eindringt.
„Da sind sie!", schreit Tuja und deutet auf
das Versteck. Sie blickt in ein wutverzerrtes
Gesicht.

Und schon fliegt der nächste Pfeil. Diesmal jedoch nicht auf den Pharao, sondern auf das Fischerboot. Er bohrt sich in den Rumpf. Aber bevor der Schütze erneut den Bogen spannen kann, stürzen sich die Soldaten auf ihn und seine Komplizen.

Vom Boot aus beobachtet Tuja, wie die Männer überwältigt werden.

„D-d-d-das war … knapp", stammelt Sary.

„Ein Glück, dass du so gut aufgepasst hast, Tuja!"
Das Mädchen nickt bescheiden.
Tuja ist einfach nur glücklich, dass die Verschwörung gegen den Pharao fehlgeschlagen ist.
„Mitkommen!", ertönt da die schroffe Stimme eines Hauptmanns. Er steht auf einem Boot, das sich unbemerkt neben das Fischerboot geschoben hat.

„Wir – warum?", fragt Tujas Vater.

„Ihr habt alles beobachtet, das wird den Pharao interessieren."

Und so werden Tuja, Sary und ihre Eltern auf das Schiff des Pharaos gebracht, das inzwischen seine Fahrt gestoppt hat. Auch die vier Attentäter werden an Bord geschleift.

Tuja wirft sich wie alle anderen vor dem göttlichen Pharao auf den Boden.

„Steh auf, Mädchen", sagt Tutanchamun sanft. „Wie ich höre, bin ich dir zu großem Dank verpflichtet. Auch deine Familie darf sich erheben. Bitte habt ein wenig Geduld. Zunächst muss ich mich leider um diese Männer dort kümmern!"

Tuja sieht, wie der Herrscher mit dem Krummstab auf die Verschwörer deutet.

„Wer seid ihr und warum wolltet ihr mich töten?", fragt Tutanchamun schneidend.

Die Männer drucksen ein wenig herum.
Dann sagt einer von ihnen: „Wir sind
Priester, die dem Aton-Glauben angehören.
Aton ist unser einziger Gott und er ist der
wahre höchste Gott des Landes!"
„Unsinn!", erwidert der Pharao scharf.

Der Mann verschränkt die Arme vor der Brust. „Unter Eurem Vater war Aton unser aller Hauptgott. Aber Ihr, Tutanchamun, habt Aton verdrängt und Amun als Hauptgott eingeführt. Und heute feiert Ihr Amun, Mut und Chons, aber auch Euch selbst mit diesem Opet-Fest. Dabei gibt es doch nur einen einzigen Gott – nämlich Aton!"

„Unsinn!", zischt der Pharao noch einmal.

„Nein", beharrt der Verschwörer. „Ihr habt dafür gesorgt, dass wir Aton-Priester überflüssig wurden. Man warf uns aus den Tempeln. Mit einem Mal waren wir ohne Arbeit und Einkommen!"

„Und mit dem feigen Mordanschlag wolltet ihr die alten Machtverhältnisse wiederherstellen, richtig?", fragt Tutanchamun.

„Oder sollte es einfach nur die Rache dafür sein, dass ihr Macht, Ansehen und Einkommen verloren habt?", ergänzt Anchesenamun.

Die Männer nicken. „Von allem etwas", knurrt einer von ihnen.

„Abführen!", schnarrt der Pharao. „Ich will dieses Pack nicht mehr sehen. Und jetzt wollen wir alle zusammen das Opet-Fest weiterfeiern!"

Tuja sieht, wie die Verschwörer von Bord gebracht werden. Bestimmt müssen sie ins Gefängnis …

Dann wendet sich der Pharao dem Mädchen zu. „Nun erzähle mir doch mal, wie du den Tätern auf die Spur gekommen bist."

Tuja nimmt ihren ganzen Mut zusammen, blickt den Herrscher fest an und berichtet in allen Einzelheiten.

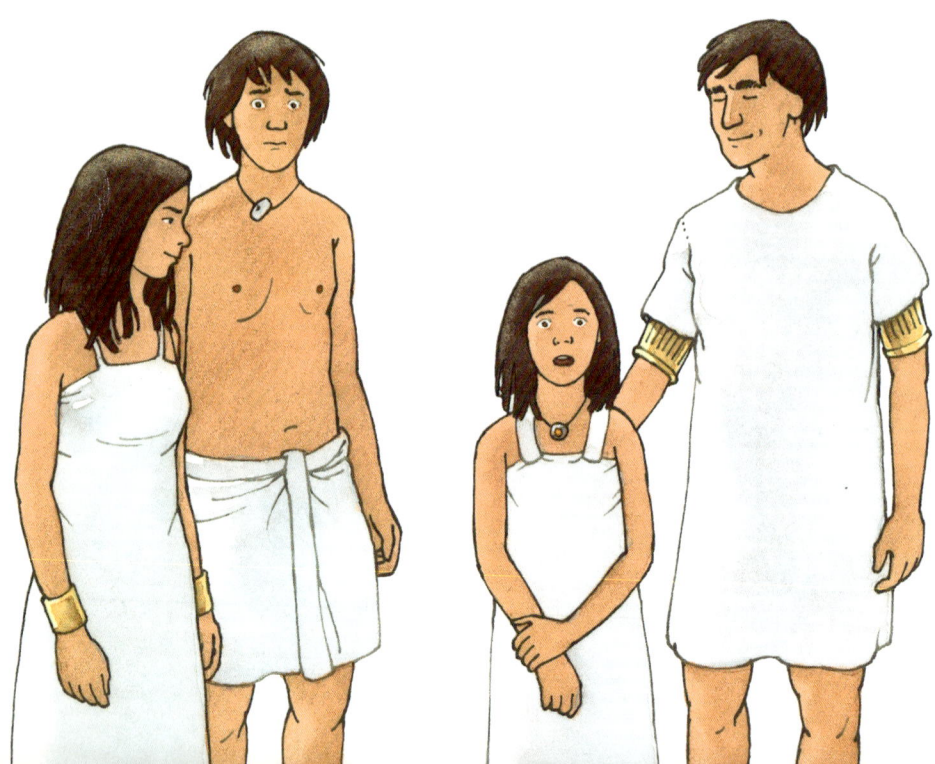

Der Pharao nickt immer wieder.

„Du bist ein kluges und tapferes Mädchen", sagt er, sobald Tuja geendet hat. „Als Zeichen meines Dankes werde ich dich mit Gold aufwiegen. Dein Vater soll ein viel größeres Fischerboot bekommen und deine Mutter ein gutes Stück Land am Nil. Und dein Bruder wird zum Küchenleiter befördert."

Tuja strahlt mit Sary und ihren Eltern um die Wette, bestimmt noch heller als der Sonnengott Re.

Aber Tutanchamun und Anchesenamun haben noch eine Überraschung für sie. „Wenn du willst, Tuja, darfst du mit deiner Familie während des Festzuges auf unserem Schiff bleiben", bieten sie an.

„Natürlich will ich das, sehr gern", erwidert Tuja fassungslos. Was für ein wunderbares Angebot!

Der Pharao gibt den Befehl, den Anker
zu lichten. Sogleich beginnen die Ruderer
mit der Arbeit und das Schiff setzt sich
in Bewegung.

Wieder gibt es großen Jubel an den Ufern. Und Tuja? Die hat nun wirklich den besten Platz, um den Festzug anzuschauen: Sie darf neben dem Podest der Herrscher auf einem Kissen sitzen und bekommt alles hautnah mit!

Leserätsel

mit dem Leseraben

Super, du hast das ganze Buch geschafft!
Hast du die Geschichte ganz genau gelesen?
Der Leserabe hat sich ein paar spannende
Rätsel für echte Lese-Detektive ausgedacht.
Wenn du Rätsel 4 auf Seite 58 löst, kannst du
ein Buchpaket gewinnen!

Rätsel 1

Ordne die Buchstaben!

In welcher Stadt lebt Tuja?

B E T H E N

Wie heißt Tujas Bruder?

R S A Y

56

Rätsel 2

Stimmen diese Sätze? Kreuze an! Wenn du dir nicht sicher bist, lies noch mal auf den jeweiligen Seiten nach.

	richtig	falsch
Tutanchamun hat sich offenbar Freunde gemacht. (Seite 12)		
Auf Tutanchamuns nackter Brust blitzt eine quadratische, dünne Platte aus purem Gold. (Seite 41)		
Der Pfeil zischt ins Schilf. (Seite 44)		

Rätsel 3

Der Leserabe hat die Sätze auseinandergeschnitten. Kannst du die Satzhälften wieder richtig zusammenfügen?

1. Es gibt

a. auf einem goldenen Thron.

2. Das Krokodil reißt

b. ein böses Gerücht.

3. Der junge Pharao sitzt

c. das große Maul auf.

57

Rätsel 4

Beantworte die Fragen zu den Geschichten. Wenn du dir nicht sicher bist, lies auf den Seiten noch mal nach!

1. Welchen Fisch lieben die Bewohner Thebens? (Seite 5)
O: Makrele.
A: Nilbarsch.

2. Woraus besteht das Boot von Tujas Vater? (Seite 17)
M: Aus Papyrusstauden.
K: Aus Kiefernholz.

3. Womit sind die Soldaten bekleidet? (Seite 33)
N: Nur mit Lendenschurzen.
I: Mit langen weißen Gewändern.

Lösungswort:

1	2	U	3

Rabenpost

Jetzt wird es Zeit für die Rabenpost! Besuch mich auf meiner Homepage **www.leserabe.de** und gib dort unter der Rubrik „Leserätsel" das richtige Lösungswort ein. Es warten außerdem noch tolle Spiele und spannende Leseproben auf dich! Oder schreib eine E-Mail an **leserabe@ravensburger.de**.
Jeden Monat werden 10 Buchpakete unter den Einsendern verlost! Natürlich kannst du mir auch eine Karte schicken.

An den LESERABEN
RABENPOST
Postfach 2007
88190 Ravensburg
Deutschland

Ich freue mich immer über Post!

Dein Leserabe

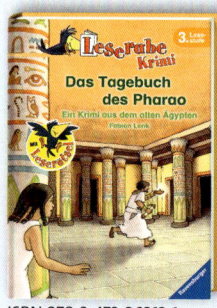